AF391840

Colette Mourey

Nous sommes : non pas tri ... Mais quadripartites !

ISBN : 978-2-900720-08-0

"Tout dans la vie n'est qu'énergie et vibrations."

Albert Einstein.

Introduction : « Je » suis « Nous »

1)   Les « Nous »

Organisant de multiples et distincts « nous » :

— issus d'une faune de cellules intelligentes

Qui, par mutualisations et recombinaisons, finissent par forger des sortes d'entités collectives, originant cette véritable micro-société et sa particulière civilisation, qui fondent, littéralement, notre organisme ;

— une multiplicité vivante et vibrante, qui nous hante et nous habite :

Une *chaîne ininterrompue*, qui participe de l'ensemble des plans universels (fusionnant de l'infimité microscopique à un macrocosme tendant vers l'infini),

— nous imposant ses propres Lois

Qui peuvent tout à fait contrarier nos avis conscients ;

S'érigent, non pas trois, mais quatre grandes sphères d'attraction - constituant « une » « quadruple » directionnalité :

1) De l'Âme
2) De l'Esprit
3) Du Cœur
4) Du Corps

2)   Les Fondements du
« Je »

C'est dans et par cette *quadripartite consubstantialité* que nous nous équilibrons en tant que « nous-mêmes » : un terrible compromis, entre collectif et individuel, virtuel et réel, analogique et logique, conscient et inconscient, organistique et idéique ...

Une bien imprécise identification, donc, limitée par le fait que nous ne nous connaissons pas jusque dans nos ultimes fondements, alors que différents Principes s'interpénètrent en nous – une double impossibilité à prononcer ledit pronom « je » en pleine et totale conscience.

Au travers de nos successives et bigarrées Civilisations, nous aurons, longtemps, considéré une monadique « *trinité* », figée et stigmatisée, lorsqu'il s'agissait de définir notre propre Identité, sous l'appellation « *âme – esprit – corps* ».

Cependant, cette incomplète configuration ne pouvait qu'aboutir à des civilisations matérialistes et ratiocinantes : rappelons que, sans une vive authentique *intuition* pour l'animer, l'intellect tourne rapidement en rond, tant il devient vide !

3)   Un Basculement Civilisationnel

Or, nous nous trouvons, actuellement, confrontés à un *bouleversement culturel* : la quatrième facette de notre intime harmonisation, **le cœur**, est en train de reprendre son entière place !

Voire même de jouer le premier rôle !

On assisterait, littéralement, en nos êtres, à l'émergence d'une « *quatrième dimension* » !

Si nous poussons plus avant l'analyse, notre apparence – bien davantage « virtuelle » que strictement « réelle » (d'ailleurs, instable présent - fruit du passé et en perpétuel devenir), s'avère le mouvant (indéfini) résultat de l'intrication de plurielles successives « *enveloppes* » : des *corps énergétiques* (« *corps subtils* »), dont les fréquences vibratoires se font de plus en plus basses, jusqu'à cette figuration strictement « matérielle » qui se trouve très directement accessible à nos sens (tout en restant, fondamentalement, de nature vibratoire).

L'Essence du « Je », au plus haut plan, se définit comme une *unité informationnelle* (préexistante) - *traduite en énergie au travers de multiples dimensions* : un structurant « code » particulier, duquel découlent, nécessairement, en cascade, divers « états » de manifestation (une métamorphose s'opérant de façon quasiment kaléidoscopique).

Autrement dit, ledit « Je » s'apparente à un « *Son* » fondamental (une vibration sonore qui s'origine de notre « *Idéité* »), prismatisé en « *partiels* » ou « *harmoniques* » (la suite obligée de ses multiples) : un complexe « **Holos** » irisé, tendant perpétuellement vers sa pleine « concrétisation ».

En cela, « Je » redevient rapidement « Nous » : à chaque étape de notre incarnation, nous possédons de nombreuses identités successives, des plus virtuelles aux davantage réalisées !

Sachant que l'on pourra les dénombrer de diverses façons, ces sortes de « personnages » ou « corps » qui nous constituent subissent de successives aimantations, issues des puissantes attractions des quatre « organes » ci-dessus évoqués :

1) L'âme
2) L'esprit
3) Le cœur
4) Le corps

Nous possédons plusieurs « *corps de l'âme* », une succession de « *corps de l'esprit* », de nombreux « *corps du cœur* », ainsi qu'une multiplicité d'attirances, au sein de nos corps « *de chair* » - envisagés davantage sous l'angle physique et physiologique.

Paraphrasant cette pertinente remarque de Alain Bosquet[1] :

« Je me demande qui je suis, dit Dieu... Peut-être suis-je un compromis conclu par l'être et le non-être aux dépens de moi-même... »,

Nous pouvons tout à fait nous interroger sur nous-mêmes, de façon parfaitement similaire :

« Je me demande qui je suis, dis-je ... Peut-être suis-je un compromis conclu par l'être et le non-être aux dépens de moi-même... ».

Maillés et tissés, nos « corps subtils » agencent une véritable *architecture énergétique*, aux multiples niveaux (des plus intimes aux plus extérieurs, des plus virtuels aux plus concrets, des plus collectifs aux plus personnalisés ...), dont l'émanation, perceptible aux plus sensibles, forme la chape colorée dénommée « *aura* ».

---

[1] « Je ne suis pas un poète d'eau douce », Alain Bosquet.

Difficiles à isoler l'une de l'autre, tant elles s'avèrent *interdépendantes*, nos « enveloppes » irradiantes s'imbriquent inextricablement.

Cependant, nous distinguerons les faisceaux des Figures :

1) **Spirituelles (zone de l'âme) ;**
2) **Mentales (zone de l'esprit) ;**
3) **Émotionnelles et sentimentales (zone du cœur) ;**
4) **Physiques et physiologiques (partie incarnée) ;**

En fonction des quatre « points cardinaux » qui polarisent nos organismes.

Pour donner un exemple, nous pourrons citer la conception heptapartite issue de la philosophie bouddhique.

L'âme - elle-même bipartite, y figure littéralement le faisceau énergétique d'ordre « *causal* » (du plus impersonnel à sa facette la plus particularisante, du fait de son imbrication dans une Mémoire « karmique » conjointement singulière et collective) ; puis, vient l'esprit, sous deux facettes : le « corps monadique inférieur » et le « corps atmique » ; enfin, l'aspect matérialisé, tripartite : le « corps mental inférieur », le « corps émotionnel », le « corps physique et éthérique ».

Une belle illustration de l'agencement de nos enveloppes - bien qu'elles ne soient pas imperméables les unes aux autres, est suggérée à travers ces « matriochkas » ou « poupées russes », qui, à nouveau, nous ramènent à notre fondamentale multiplicité : ces poupées-gigognes comprennent entre 5 et 7 et jusqu'à 64 figurines successives, régulièrement emboîtées, de la plus petite à la plus grande.

N'oublions pas leur origine japonaise, dans ces « Shichi-fuku-jin » qui symbolisent les « Sept Divinités du Bonheur ».

Ne négligeons pas non plus, sous un angle davantage conceptuel, le principe informatique de la ***récursion*** !

Dont l'esprit rappelle notre propre conception.

Nous sommes le fruit d'une constante harmonisation, à chaque instant en devenir – mais par déduction d'avec les véritables boules énergétiques d'un passé, plus ou moins conscient, qui, inlassablement, nous hante.

En ce sens, nous pourrions davantage développer une médecine énergétique, qui s'adresserait, concomitamment :

1) **À l'âme (c'est la « Raison » la plus fondamentale) ;**
2) **À l'esprit (notre « raison particulière » tend à participer aux « raisons » de nos déséquilibres) ;**
3) **Au cœur (nos émotions forgent la lucarne à travers laquelle nous percevons le monde) ;**
4) **Au corps (en dernier lieu : comme l'ultime effet des causes précitées).**

4)   L'âme, l'Esprit, le Cœur et le Corps.

L'Âme, pluridimensionnelle, au travers de laquelle fusionne l'impersonnelle « Causalité » de l'« Holos » avec de particulières « raisons d'être », constitue notre mouvante « **Essence** » véritable.

Intemporelle et non spatiale (participant d'autres plans), elle interrelie et mutualise, en effet, la Primordiale Vibration engendrée par une pleine et entière globale « Idéité » (source d'une énergie unitaire - autant « Son » que « Lumière », s'irradiant dans les figures motiviques du « Verbe ») et les « partiels » ou « harmoniques », les multiples nécessairement issus de notre fondateur « Principe » particularisant.

L'âme « est ».

L'âme « a » déjà, parce qu'elle comprend, sans limites, le « Tout ».

Chacune de nos âmes est une réinterprétation et une traduction de l'Univers Entier !

Une par le Multiple et Multiple à travers ce « Un » qui l'architecture et la sous-tend dans l'ensemble de ses manifestations, l'âme vibre d'une extraordinaire **Joie** : se dilatant ultimement dans une exquise Béatitude !

Nous sommes, essentiellement, des « âmes » et de pures âmes – des entités vastes comme le Monde, déterminées hors de l'Espace et hors du Temps (inscrites dans des dimensions causales élargies, qui dépassent infiniment les limitations « spatio-temporelles »).

Seulement, à un moment donné de notre parcours, nous voulions faire, personnellement, l'expérience de la « matière » (la tridimensionnalité) : « mettre les mains dans le cambouis », « nous mouiller », en travaillant directement ce noble matériau que crée continuellement un bouillonnant Élan Vital, y inscrivant, de façon indélébile, notre propre Marque.

D'où, nous nous sommes d'abord pourvus d'un **Esprit** : un corps déjà moins virtuel, essentiellement à visée « cognitive » (expérimentatrice autant que conceptuelle ou intellectuelle), un outil au moyen duquel nous tentons sempiternellement de dénicher et hiérarchiser quelques notions ou valeurs sûres, sur lesquelles appuyer nos (trop hâtifs) jugements !

Mais, par le biais de ces premières fondamentales enveloppes « astrales », le contact avec la Création elle-même des Forces de Vie à l'œuvre dans l'Univers, n'était toujours pas direct !

Alors, nous avons adjoint à notre Esprit une troisième série d'enveloppes, celle que nous oublions habituellement de citer, celle du **Cœur** : « ***Mémoire cristalline*** », interreliée à la « Mémoire Cosmique », originant notre fondamentale « ***Intuition*** » - solide socle par lequel nous vivons et vibrons en pleine conscience.

Nous devons Révérence à ladite Mémoire, sous tous ses aspects, dans une direction, doublement, de la plus impersonnelle à la plus particularisante comme de la plus communautaire à la plus individuelle – cet axe fondateur qui nous aura fait naître et grandir, comme, en retour, de la plus singulière à la plus abstraite, cette seconde orientation qui, ultimement, nous ramènera à bon port !

Âmes Dotées d'un Esprit et d'un Cœur, nous n'étions toujours pas assez proches de la Terre, ce sol intelligent qui nous nourrit et nous fertilise !

D'où, nous aurons, pour une infime fraction de Temps (à l'échelle cosmique, la durée d'un battement de cil !), pris « **Corps** » : adopté notre figuration sous son angle le plus concret – bien qu'il soit aisément démontrable que nos organismes comportent, intrinsèquement, une très large part de virtualité et d'impersonnalité.

5)   Du « Je » au « Nous » !

Depuis les troubles abysses de notre geôle charnelle, ballotés au gré d'une Identité Multiple - tantôt enchantés, tantôt désespérés, nous contemplons le Soleil, la Lune et les Étoiles !

Souvent, nous sommes ici mais rêvons de l'Ailleurs que nous venons de quitter et que nous retrouverons – modifié ! lorsque nous nous dépouillerons, vêtement par vêtement, de l'ensemble de nos Identités surfaites.

Alors, nous serons à nouveau « Un » : inextricablement fusionnés au sein de la Conscience Supérieure ...

Parfois aussi, cet étrange « Là-bas » nous apparaît distinctement.

Un extraordinaire blanc faisceau énergétique nous y relie, en effet, constamment : il est aisé de parler à un « Dieu » auquel nous sommes rattachés comme par un cordon ombilical !

Et, lors de ces extatiques moments de méditation, nous redevenons, pleinement, concomitamment « Uns » et « Un » : à tous les plans réunifiés, nous sommes, alors, « nous » par le « je » et « je » par le « nous » ...

Âme	Prescience, Divine Intuition.
Esprit	Intellect. Cognition.
Cœur	Intuition sensible, en rapport avec l'ensemble de nos strates mémorielles.
Corps	Activité perceptive.

1.L'Âme

Nos Fondements participent du « **Un** » de la Géométrie Sacrée.

Nous sommes partie prenante d'une « **Causalité** », un unitaire faisceau autant apparemment immuable que profondément *impersonnel.*

Dans un recoin de notre âme - autarcique et unidimensionnelle, notre chemin nous apparaîtrait … réduit au point d'une droite !

Cette sorte de « Un » ne peut que se *figer* ou se reboucler inlassablement, ce qui demeure parfaitement étranger aux Lois universelles …

La première de celles-ci est le « **Mouvement** » : le perpétuel changement !

« Uns » en âme, nous serions un peu comme « hors du monde » …

Par contre, accessibles à l'Essentielle perpétuelle transfiguration, nous devenons « **spiralés** » - une Unité se nourrissant inlassablement de sa différence, *à l'image de l'ensemble des structures vitales* (depuis l'ADN, en passant par feuillages et coquilles, jusqu'aux macroscopiques spirales galactiques ...)

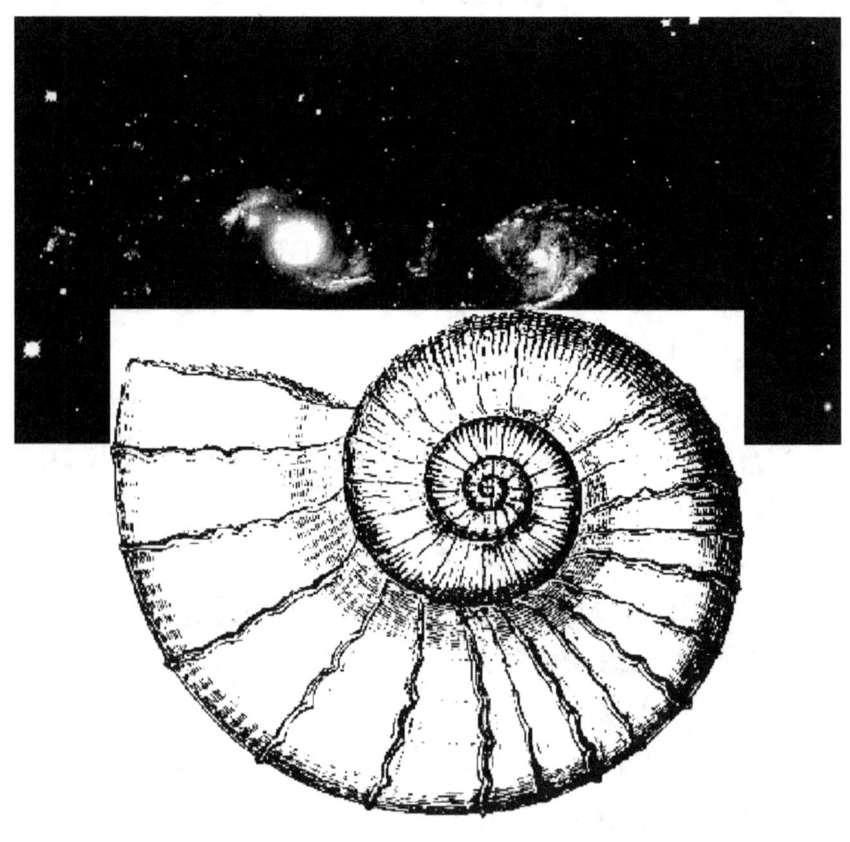

Même si les termes de pureté, d'innocence, comme les attitudes d'émerveillement et de reconnaissance forgent l'infinie *Grâce* inhérente à la sorte de permanence qui nous définit véritablement, l'Univers va imposer une seconde dimension à notre âme, davantage soumise, celle-ci, aux principes architecturaux du « Temps » et de l'« Espace ».

Certes, nous serons déstabilisés - sciemment, mais de façon à ce que, par cette « *Identité duelle* », nous prenions progressivement conscience, par nous-mêmes, de notre **Principe**, que nous le cultivions et le travaillions, en ce que ladite particulière Essence apportera, inévitablement, à l'exhaustivité de l'« Holos » !

D'où, nous distinguerons deux facettes, à cette divine étincelle qui nous constitue et nous anime :

1) Notre « *âme Causale* » (éternelle, aspatiale, impersonnelle, holistique ...) ;

2) Notre « *âme Particularisante* » (qui tend vers une première spatio-temporalité d'ordre spiralé, celle qui contribuera à notre progressive incarnation).

Mais c'est bien sous la Nature d'une âme que nous nous définissons, nous remémorant que :

Hors du Temps, nous sommes de pures âmes ...

Hors de l'Espace, nous sommes de pures âmes ...

Nous participons de la Cause Première ;

Nous ne nous inscrivons que secondairement dans la « Spirale » Cosmique, là où le Temps et l'Espace - combinés, engendreront et tisseront, à l'Infini, l'entrelacs de leurs gigantesques tourbillons ...

Isolés, autarciques, nous mourrions, en tant qu'âmes, si nous ne participions pas au vaste « **Déploiement Universel** », sous sa double orientation.

En effet, à l'image d'une formidable respiration, celui-ci alterne, imperturbablement, les phases ***d'expansion et de rétractation*** qui particularisent les Ères ...

Notre âme origine, en nous, une primordiale pyramide, architecturée d'holistiques « Intuitions » : le bouquet de nos « **Visions** » les plus essentielles, les plus impersonnelles, comme les plus profondes.

Celles-ci témoignent d'une aptitude innée à la « **Préfiguration** », parfaitement analogue à celle que manifeste spontanément l'Élan Vital !

Au cours du processus d'incarnation, notre illimitée « *Prescience* » – cette ineffable faculté d'une l'âme immobile, sera happée par la nécessité d'une tumultueuse « *Science* ».

D'où, étape initiale de notre multidimensionnelle incarnation, ladite noble faculté va s'entourer d'un premier serviteur, l'Intellect : émanation directe d'un « Esprit » - notre « seconde enveloppe », dont l'originelle « Pensée » tend à réarticuler de façon seconde les multiples facettes d'une existence.

Loin des Cultures dites « Primordiales » - qui se seront attachées essentiellement au domaine de l'Âme, les civilisations réputées davantage « modernes » - engendrées par un secondaire « Esprit » et son principal outil, l'« Intellect », auront rapidement montré leurs limites, principalement en termes de « Sagesse »

: la grande et noble « Évolution » ne pouvant s'alimenter que de l'aptitude, instinctive, à une « **Holistique Figuration** » !

Âmes en premier lieu, nous sommes, donc, littéralement des « dieux » : par ce « sixième sens », émanant instinctivement de notre Essentielle Nature, nous acquérons tout **pouvoir** sur la matière !

Âmes avant tout, nous participons d'un faisceau énergétique « divin » (global et impersonnel), qui nous dépasse infiniment : concomitamment, par ledit « sixième sens », nous endossons une pleine et entière **responsabilité** envers la matière !

Symboliquement narré, nous allons, en endossant notre « Esprit », « déchoir » : peut-être le royaume de l'âme est-il un Éden ?

Il nous fallait le quitter pour apprendre ...

2.L'Esprit

L'« Esprit » correspond à la somme articulée de nos facultés « *intellectuelles* », dans le sens le plus élargi - c'est-à-dire « incarné » : en ce sens, il s'apparente véritablement à la « psyché ».

C'est notre seconde enveloppe : moins virtuelle que la première.

Dérivant du « **souffle** » ou « spiritus » (latin) - « pneuma » (grec), l'« Esprit » anime notre être, physiquement et psychiquement, par le puissant biais de la respiration : une sorte d' « *inspiration* » qui reflète les facultés premières de l'âme, doublée d'une « *expiration* » qui, formellement parlant, nécessite le formidable outil que représente la « *conceptualisation* ».

Notre Esprit joue, en nous, le rôle d'un véritable transpondeur, entre notre aspect davantage « spirituel » et nos facettes plus incarnées ou « matérielles ».

D'où, efficiente passerelle entre « **Cause** » et « **Effet** », **il se hiérarchisera, concomitamment, « avec » et « contre » Nature.**

Merveilleux « *principe pensant* », l'Esprit ne peut totalement nous définir, encore moins nous résumer !

C'est **l'instrument** qui nous guide, en quête de sens dans nos vies, nous permettant de passer du plus particularisé (« C'est moi, je suis ici, je touche et voit cela ... ») à un premier plan générique (« l'Homme », « l'Objet » ...) qui va engendrer, linguistiquement et conceptuellement, nos civilisations.

Sursollicitée, cette prometteuse faculté ne nous conduit qu'à de vains ratiocinages.

Asservie à la fondamentale « **Vision** » (Impersonnelle Intuition Divine) émanant de l'âme, elle devient essentielle !

Si elle prend en compte les données de notre troisième enveloppe, **l'Intuition particulière** née de la Mémoire véhiculée par le cœur, elle pourra opérer de fructueuses déductions.

Enfin, à la croisée des chemins, elle ne peut que très heureusement se nourrir des sphères davantage corporelles : remplissant alors, exactement, sa Mission !

> *« L'esprit est le côté partiel de l'homme ; le cœur est tout. »*
>
> *Antoine de Rivarol.*

3.Le Cœur

Nos civilisations trépidantes ont tendance à occulter **le plan du Cœur** : ce qui revient à, littéralement, défier une **Mémoire** – autant collective qu'individuelle, fruit du **Souffle** des Origines.

Pourtant, fondant l'ensemble de leurs modernes déductions, cette dernière ne cesse de les ressourcer et de les réalimenter !

Par la Mémoire ancestrale enfouie en cet écrin qu'est le cœur fusionnent continuellement, en nous, l'inorganique et l'organique, l'indistinct et le particulier, le structuré et l'inachevé ...

Par ce « *cristal vibrant* », notre « forme éthérique » se fait eau et air, feu et glace, roc et terre, végétal et animal, « figure » primordiale – architecture primitive ...

La Mémoire Universelle que cet organe irradie permet que nous participions pleinement, à chaque instant, de tous les règnes que l'Élan Vital aura imaginés (des « Formes » dont nous sommes autant redevables qu'essentiellement tributaires) – et ce, dans leur incroyable prolifération morphologique comme sous l'exhaustivité de leurs dimensions spatio-temporelles.

Le cœur nous fonde, donc, tout en communiquant une ineffable sève de vie à l'ensemble des plans d'être qui nous habitent.

Sans cesse, ce vital « système cardiaque », qui nous propulse en avant autant qu'il fortifie nos arrières, amalgamera :

1) **Fondamentale Réminiscence**
2) **Amour**
3) **Expérimentation et Connaissance**
4) **Aspiration Spirituelle**

1) Fondamentale Réminiscence

Formé avant le cerveau, à l'état fœtal, le cœur oriente d'abord l'ensemble de la construction organistique, avant de continuer à gérer, sous l'égide d'une Historicité antédiluvienne, les comportements de chacune de nos cellules.

Un dense réseau nerveux traverse le système cœur-cerveau : d'où, de par cette liaison ininterrompue, nous dépendrons de chacune des Structurations du Passé, autant que celui-ci nous portera, inlassablement, vers notre avenir.

Les expériences menées, notamment, par le Dr Gary Schwartz et le Dr Linda Russek, montrent la localisation au niveau du cœur du stockage et d'un premier traitement des informations : une majeure partie de la Mémoire échappe ainsi à la stricte complexe zone cérébrale.

Ce qui ne pourra qu'en constituer une preuve supplémentaire, c'est l'incroyable propension des patients transplantés à revivre (jusqu'à physiquement !) les faits saillants de l'histoire personnelle du donneur (stockés dans les tissus transplantés).

Déjà, au XIX° siècle, dans son « Dictionnaire philosophique », Voltaire insiste sur le rôle mémoriel du cœur : « On retient par cœur malgré soi et voilà pourquoi nous disons retenir par cœur, car *ce qui touche le cœur se grave dans la mémoire.* »

Trait d'union entre « réflexe » (autant générique que particulier) et « connaissance acquise », cet organe constituerait, si l'on effectuait la comparaison avec l'informatique, notre « mémoire de masse » (autant systémique et communautaire que plus proprement personnelle).

La conservation des plus anciens archétypes, comme des engrammes les plus primordiaux, ainsi qu'un premier niveau de décodage, relèvent de l'organe du cœur.

Fait remarquable, tout comme le cerveau, ledit organe s'avère contenir un complexe réseau de neurones, neurotransmetteurs, protéines et cellules de soutien.

« Il y a un cerveau dans le cœur, métaphoriquement parlant », souligne le Dr Rollin McCraty, de l'Institut HeartMath : « Le cœur contient des neurones et des ganglions qui ont les mêmes fonctions que ceux du cerveau ... C'est un fait anatomique ».

D'où ce fréquent qualificatif de « petit cerveau », de nos jours attribué au cœur.

Revenant sur la mutualisation large « cœur-cerveau », la Mémoire (de la plus archétypale à la plus actuelle) se répartit entre le solide socle de ladite « Mémoire de masse » (profonde) et l'extraordinaire efficacité d'une « Mémoire vive » (directement opérationnelle).

« Le temps passe, les souvenirs s'estompent, les sentiments changent, les gens nous quittent, mais le cœur n'oublie jamais », s'exclame Charles Nodier.

2)   Amour

Une interrelation continuelle, une extraordinaire mutualisation de chaque instant, s'opère entre le cœur et la totalité des zones cérébrales (au sens le plus élargi).

Autant les états synchrones (harmonisation et cohérence entre le rythme cardiaque et le schéma des ondes cérébrales) correspondent, majoritairement, à des affects positifs, autant la désynchronisation traduira dépression et mal-être. D'où, par exemple, le stress pourra engendrer de l'hypertension artérielle, comme expérimenté par la faculté de médecine de Harvard.

Par ailleurs, le Washington Post du 11/08/07 relata les mésaventures d'un patient, Peter Houghton, chez lequel avait été implanté un cœur artificiel.

Depuis son opération, l'homme s'éprouvait « sans sentiments », notamment dépourvu d'amour pour sa famille. Parlant de ses petits-enfants, il remarquait : « On dirait qu'ils ne font plus partie de moi comme auparavant ».

Lieu par excellence d'une formidable Mémoire, qui nous dépasse infiniment, le cœur est donc, aussi, le principal siège des émotions et des sentiments.

Syntoniser rythme cardiaque et ondes cérébrales (notamment par le biais de la méditation et d'une respiration abdominale profonde) permet, littéralement, de « positiver ».

Tomber amoureux, éprouver soudainement un « coup de foudre », met le cœur dans tous ses états !

3) Expérimentation et Connaissance

Si Antoine de Saint-Exupéry écrit : « On ne voit bien qu'avec le cœur. L'essentiel est invisible pour les yeux. », c'est que les tréfonds de la Vie (les plus primitifs méandres de l'Élan vital) sont indélébilement présents, au sein de cette architecture : ce « cristal résonnant », qu'est, au premier degré, le cœur.

C'est pourquoi il joue un si important rôle cognitif : nous appuyons nos déductions (particulièrement les plus inconscientes) sur cette « Histoire » qui est ancrée en nous.

Tout au long de notre existence, nous réarticulons, par elle, notre « histoire individuelle », qui prend alors sens.

C'est sur cette double articulation mémorielle que se grefferont expérimentation et réflexion : d'autant plus logiques, stables et cohérentes que la liaison cœur-cerveau est saine et harmonieuse (d'où le rôle du souffle, qui a une si profonde incidence sur les battements du cœur).

4)   Aspiration Spirituelle

Notre « *cœur-amour-pensant* » s'architecture avec une Conscience Unitaire d'une formidable envergure : celle dont nous observons les manifestations à travers tout l'Univers.

Au centre de son activité transparaît le *Désir*, le faisceau de nos aspirations les plus nobles, qui ne demande qu'à s'unir et s'interrelier avec son Créateur (celui dont il manifeste, ostensiblement, l'« Image »).

4.Le Corps

Le corps reste notre « habit » le plus tangible : la finalité matérielle du processus d'incarnation, mais **pas l'Identité originelle**, qui le meut et le surpasse - infiniment.

D'où, cette très utile enveloppe joue le rôle d'une *interface* - voire d'un transpondeur, opérant une constante complexe liaison entre « virtualité » et « réalité », « idéité » et « émotion », « figuration » et « concrétisation » ...

Par exemple, l'entier système sensoriel a pour objectif de transformer une énergie multiforme, puisée dans l'environnement, en influx nerveux qui, cérébralement décodé, redevient pensée – autant sentiment que concept.

Un total de *quatre « systèmes »* (qui s'interpénètrent), dont chaque pôle se montre simultanément global et spécialisé (holistique et particularisé), s'interrelie, s'informe et mutualise sans cesse, réalisant conjointement, pas à pas, l'indispensable homéostasie (équilibre spécifique d'un « terrain »), au sein d'une organicité complexe, participant d'un milieu extérieur qui ne l'est pas moins :

1) Le Système Sensoriel

Le système sensoriel se compose de *récepteurs* (globaux et spécialisés - la peau, certains muscles et glandes, l'ensemble des organes spécifiquement fonctionnellement « sensoriels »), de *transmetteurs* (les voies nerveuses) et de *décodeurs* (aboutissant à la gestion cérébrale des données).

L'ultime but de cette organisation multidimensionnelle, qui combine, à chaque étape, l'unitaire (somesthésie et synesthésie) et le particularisé (récepteurs externes spécifiques de l'ouïe, de la vision, de l'odorat, du goût et du toucher, par exemple), reste un nécessaire « **équilibricentrage** » - du plan le plus intime à des directions davantage extraverties.

D'où, l'entière organisation témoigne d'une permanente adaptation, réagissant, de façon ininterrompue, aux innombrables stimuli en provenance d'un « milieu » apparemment bivalent (*interne et externe*).

Outre les autorégulateurs innés d'une balance vitale, le moteur de cette « harmonisation » (« harmonicité » et « harmoniosité ») se nourrit d'excitations variées, d'ordre mécanique (toucher, ouïe), chimique (olfaction, goût), électromagnétique (vision), thermique (toucher), sans oublier le rôle particulier des nocirécepteurs – davantage dévolus à l'appréciation de la douleur.

Deux volets principaux orientent les sensations obtenues : une première hiérarchisation - de la plus externe à la plus interne, qui s'avère d'ordre réflexe et inconscient (« neuro-végétative » - subdivisée en « orthosympathique » et « parasympathique ») ; et une structure similaire, mais d'état opposé :

volontaire et conscient (« système nerveux cérébro-spinal », subdivisé en « central » - encéphale, moelle épinière, cerveau, cervelet, bulbe rachidien ; et « périphérique » - nerfs, nerfs crâniens, nerfs rachidiens).

Réflexes et réactions volontaires s'imbriquent, se maillent et se tuilent.

Les apprentissages - pont jeté entre conscient et inconscient, tendent, d'ailleurs, à augmenter le nombre desdits réflexes (à partir desquels se recombineront, de façon originale, l'inné et l'acquis).

Chaque fonction sensorielle enchevêtre récepteurs spécialisés et polyvalents. Puis, c'est au niveau des voies nerveuses que se recombinent indifférenciation et spécification. Enfin, le décodage et l'interprétation s'avèrent, eux aussi, les fruits d'une interrelation et d'une mutualisation des zones corticales généralistes et des aires de projection spécialisées.

Chacun des « sens » que nous pourrions dénombrer et définir fonctionne - fondamentalement, de façon double, largement aussi particularisée qu'*holistique.*

Plus généralement, la perception elle-même de l'environnement (le subtil passage de la sensation passive à la reconstruction active) s'élabore en lien étroit avec de **primordiaux engrammes mémoriels** : du plus inconscient au plus conscient, du plus personnel au plus communautaire.

Bien loin d'un impossible objectivisme, nous ne percevons que ce que nous nous attendons à percevoir !

Nous sommes sensibles à ce que nous savons qui existe !

Nous n'apercevrons pas ce que nie notre esprit !

D'autre part, nous possédons, basiquement, bien plus de cinq sens.

En effet, les systèmes sensoriels (conscients et inconscients) s'attachent essentiellement à deux grands types d'excitations : celles d'un (apparent) « milieu extérieur » (ce sont les informations en provenance des « cinq sens » aristotéliciens, augmentées des données cénesthésiques, au sens le plus large) et celles du « milieu interne » (contribuant à l'autorégulation elle-même de l'organisme).

Le réceptacle complexe des données issues de l'environnement se répartira entre la peau (dont celle des mains - particulièrement l'extrémité des doigts), certains muscles et glandes, et quatre types d'organes spécifiques : les oreilles, les yeux, le nez et la bouche.

S'y ajoutent certains neurones, multisensoriels, qui finissent par forger un « sens » global.

Il en résulte très clairement beaucoup plus de cinq sens !

Les perceptions généralistes (syncrétiques, avant de se construire comme synthétiques) jouent un rôle primordial, à la fois pour guider et renforcer les fonctions particularisées, et pour assurer, en interne - dans une semi autarcie, cénesthésie et kinesthésie (par exemple, les processus de proprioception, thermoception, noniception et équilibrioception ...).

L'ultime gestion du faisceau de données est cérébralement localisée : par cet intermédiaire, donc, un pont aura été inlassablement jeté entre « intimité » et « ouverture au monde », « réalité » et « virtualité » ...

Ce complexe système sensoriel relie inlassablement nos corps (un « terrain » pas si « uniquement physique ou physiologique » que cela !) :

1) À différentes structures « biotopiques » (géographiques, sociales …) ;
2) À une « mémoire individuelle » (enracinée dans la « mémoire universelle ») ;
3) À une « mémoire collective » (enracinée dans les « mémoires individuelles ») ;
4) À d'autres entités organistiques (physiques et psychologiques) d'un « vivant » qui pense et se remodèle continuellement …

Perméables, de façon holistique, au sublime *unitaire Élan Vital*, « par tous les pores de notre peau », même au niveau le plus soi-disant matériel de nos multiples enveloppes, nous sommes tout autant « *virtuels* » (corps social, idéique ou spirituel …) que « *réels* » (organicité et kinesthésie - dans leur sens le plus large, complexifiant infiniment un être « charnel » qui ne l'est, du coup, pas tant que cela !)

Par la double orientation - simultanément analytique et synthétique, du système sensoriel, on mesure à quel point notre corps se définit, fondamentalement, comme « holistique », ainsi qu'essentiellement mû par l'esprit !

2)   Le Système Respiratoire

Au sein du système respiratoire (assurant les échanges gazeux entre un organisme et son « milieu » - alimentation en dioxygène, rejet du gaz carbonique), nous distinguerons la respiration « vitale » réflexe (innée) - instinctivement dirigée par le système nerveux autonome, de ce souffle volontaire (très consciemment géré, au niveau du diaphragme), que nous pouvons éminemment retravailler et qui nous « inspire », littéralement - au sens propre comme au sens figuré, remodelant sans cesse émotions et idées – contribuant, très largement, à forger l'entièreté de notre personnalité.

C'est la fusion de ces deux aspects d'une essentielle ventilation qui assure - en conscience et inconsciemment, à chaque instant de notre existence, l'énergétisation corporelle (davantage psychique que strictement physique).

On parlera de « respiration haute » ou « thoracique » pour désigner un premier ensemble de mécanismes inconsciemment contrôlés – suffisants mais moyennement efficients, alors que la respiration dite « abdominale » - celle des chanteurs et des sportifs, accroît considérablement l'oxygénation de l'entièreté de l'organisme.

Ce système est très largement lié au précédent, comme aux suivants : notamment, c'est par le biais des vastes zones d'échanges pulmonaires que s'opère une complexe « oxygénation tissulaire » (« respiration cellulaire »), conduite au double niveau du sang et de la lymphe.

3)   Le Système Digestif

Nous *assimilons, trions et éliminons* en fonction d'un matériau qui semble extérieur mais, très largement mus par un faisceau de *stimuli intérieurs* (indifféremment physiologiques et psychiques, autant conscients qu'inconscients, aussi holistiques que particularisés).

D'autre part, la « nourriture » elle-même revêt un aspect matériel – spécifique, mais s'avère, également, très largement **holistique**.

N'importe quel aliment est concomitamment :
1) **Spirituel**
2) **Cognitif**
3) **Émotionnel et Sentimental**
4) **Matériel :** vivant ou inanimé …

Une nourriture d'ordre spirituel ou cognitif a son pendant émotionnel et matériel – et vice versa.

Nous ingérons, donc, trions et rejetons.

Ladite inlassable activité s'opère, simultanément, à tous les plans :

1) **Conscient**
2) **Subconscient**
3) **Inconscient**

Mêlant « réflexe involontaire » et « démarche rationnalisée ».

De fait, tout « repas » s'érige comme le fruit et la conséquence de l'ensemble des facettes de notre existence, absolument inséparables les unes des autres. Il s'adressera conjointement aux quatre « points cardinaux » de notre être :

1) **l'Âme,**
2) **l'Esprit,**
3) **le Cœur**
4) **et le Corps – à parts égales.**

4)   Le Système Circulatoire

Tout organisme s'érige et se perpétue par une ***circulation continuelle de l'ensemble - architecturé et hiérarchisé, de son information vitale.***

Rien ne peut rester statique, à travers aucune forme de Vie !

Pensons à la sève des plantes, à l'hémolymphe des insectes, mais, aussi, au cycle terrestre de l'eau (l'incessant écoulement - des nappes phréatiques aux sources, fleuves et océans, que reboucle une évapotranspiration ininterrompue - véhiculée par les nuages et les précipitations, assurant, inlassablement, ruissellement et infiltration), qui permet une transmission pérenne du fluide primordial, animant, fondant, particularisant et articulant l'organisme que constitue – littéralement, notre planète.

Comme notre système circulatoire corporel, ce vaste cycle, **immuable**, n'a de commencement que celui des origines et ne connaîtrait de fin que par l'extinction de tout mécanisme vital.

À l'image de cette permanente enrichissante boucle autorégulée (songeons à l'importance capitale que représente, pour toute incarnation, la « mémoire de l'eau »), notre propre circulation, gérée « en vase clos », véhicule dans l'entier organisme une indéfectible **mémoire ancestrale** - d'une portée littéralement « interrègnes », dont le commencement correspondrait aux tout débuts de la Création et qui ne s'arrêtera pas à notre mort.

En amont de cet indispensable « moteur » qu'incarne un « ***cœur-mémoire*** » (interrelié notamment à l'hypocampe) fournisseur de l'énergie nécessaire, au rôle éminemment *centralisateur*, s'architecture un réseau de vaisseaux – artères, veines et capillaires, essentiellement *diffuseur*, qui assure l'aller-retour du sang et sa communication avec la lymphe (deux fois plus volumineuse) et le complexe système lymphatique (qui draine l'ensemble des organes).

Mû par son existentielle « pompe » (alternant systoles et diastoles), le *flux organisé* achemine dioxygène et nutriments vers toutes les cellules de l'organisme, évacuant, en retour, les déchets métaboliques – dont le dioxyde de carbone.

La régularité de ces « révolutions cardiaques » (assurée, notamment, au niveau des valvules) permet une inlassable circulation à sens unique.

Cependant, les précieux liquides vitaux ainsi mis en mouvement (sang et lymphe), dont la fonction immunitaire s'avère d'une importance capitale, véhiculent, parallèlement, des messages hormonaux.

D'où, le système, apparemment strictement circulatoire, se montrera conjointement *particularisé* (assurant le transport du sang et la communication avec la lymphe) et *holistique.*

Les flux physiologiques ne sont pas les seuls en jeu, ils ont leurs corollaires davantage virtuels :

1) **spirituel (le flux de nos aspirations les plus élevées),**
2) **intellectuel (le fleuve de nos pensées),**
3) **émotionnel et sentimental (la vague de nos désirs).**

C'est l'ensemble de ces polymorphes « marées » (de la plus physiquement exprimée à la plus mentale, de la plus consciente à la plus inconsciente) - doublement montantes et descendantes (apport et épuration, connexion au monde extérieur et maintien de l'identité profonde), que draine, inlassablement, notre infatigable système circulatoire, assurant la jonction et l'adaptation perpétuelle entre les engrammes inscrits aux tréfonds de notre Mémoire - indélébilement présents dans notre cœur (de la « Souvenance » la plus profondément collective à la plus consciemment personnalisée) et les aléas de nos devenirs.

En Conclusion

Que nos organismes, donc, se souviennent de leur véritable nature, en gardant consciemment présente, en pensée, cette Vérité qu'ils sont :

Non seulement un « Corps » (matériel) ;

Mais un « **Cœur** » (le fruit épanoui de cette « Mémoire » qui les aura conçus – un faisceau unitaire d'engrammes qui vont des plus collectifs aux plus individuels et des plus particuliers aux plus universels) ;

Un « **Esprit** » : un divin faisceau d'Idées, mû par des Intuitions fondamentales - qui le structurent et le guident, en lumineux phare ;

Et, en tout premier lieu, une « **Âme** » : ce qui leur confère leur « Raison » fondamentale comme leur Absolue Dignité, certes, mais pointe, d'autre part, leur moins vaste Universelle Responsabilité !

Puis, que les sociétés qui forgent nos modernes civilisations se souviennent, elles aussi - à l'exacte image de chacune des entités qui les constituent, qu'elles s'érigent comme :

— Non seulement « **Corps** » (matérialité) ;

— Mais « **Cœurs** » (l'incarnation particulière d'une « Mémoire », qui se projette constamment, en double sens, du plus collectif au plus individuel, comme elle retourne inlassablement du plus particulier au plus universel) ;

— « **Esprits** » : de divines trames d'Idées, engendrées par des Intuitions fondamentales - qui les créent et les guident, en lumineux phare ;

— Et, en tout premier lieu - en essence ! « **Âmes** » : ce qui leur confère leur Absolue *Dignité*, certes, mais les renvoie à leur non moins vaste *Responsabilité* !

D'autre part, au fil de l'ouvrage, nous aurons réalisé la pleine portée d'une **conception holistique** :

1) **De nos êtres ;**
2) **De l'ensemble des Figures de la Création ;**
3) **De l'Univers lui-même ;**

Ainsi que la primauté des multiples processus **d'interrelation et de mutualisation**.

Que l'unicité de la « Conscience globale », ainsi que l'essentialité de la « coopération », inspirent, donc, l'ensemble de notre civilisation (non seulement la médecine mais l'ensemble des techniques, des sciences, des arts, des lettres ...).

TABLE DES MATIERES

4.Le Corps 57

En Conclusion.................. 77

Dépôt légal : Février 2019